R. F. Franco

NOSSAS PÁLPEBRAS

Fotos: Maycon Lima

Para Áurea Rampazzo e Luiz Sampaio

"POLO: - Talvez do mundo reste
uma terra vazia coberta de imundícies,
e o jardim suspenso do palácio do Grande Khan.
São nossas pálpebras que os separam,
mas não se sabe qual está dentro e qual está fora."

As Cidades Invisíveis, *Italo Calvino*

NOSSAS PÁLPEBRAS

Parte I ....Cidade-Chão

Parte II ....Vestígios

CIDADE-CHÃO

I.

O chão da cidade
traspassa a cidade
fissura seus moldes
e fossos
e ratos
fratura quais guetos
rumores
e matos.
Sinuoso invade
com seus viscos
os grãos
formigueiros
de jardins e salas
e as magrezas quase invertebradas
das favelas salgadas.

Nas artérias
do chão da cidade
mais sangue que no peito das mães
mais vida que nas filhas das árvores
        e nas folhas das mães
mais peso irrigando de chão
o púrpura do chão.
Desconfia-se de menos tristeza
na cidade mesma
que em seu chão.

Onde o chão da cidade ausculta
sob sol
o solo dos sós
ele perfura
solas, escaras, verrugas
(em fim de feira, verdura)
planta dureza de tétano
e virtudes em dor –
uma dor, palácios de dor
amarguras a cimento afeitas
vidas-dejeto de mulheres
    e homens
    e seres
cidadãos do chão.

II.

Em meio a formigueiros e grãos
e árvores e mães
doam-se elegias de fezes
ao chão da cidade.
Em veios de desabrigos
o solitário sem chão
deixa pegadas
de piche
sobre seios do asfalto
da cidade
e seu chão.

Quando depósitos desumanos
desovam perdas e visgos
no chão, o chão
estampa atritos
letras caídas
de notícias, detritos
de paredes que fitam
a crueldade da crueza no chão
a fealdade da nunca limpeza:
esteriliza a rima, não os ratos
ou as pombas sem vida.
Que farão as letras, acima caídas?
Em sêmen e urina, serão banhistas
serão hiatos não vistos
serão escuros carimbos
na ureia dos gatos
visíveis apenas
ao chão da cidade:
tudo vê, até os carimbos
        os ratos
        as tosses
        os postes
        os rastros dos fatos
        os fios sem capa
        e as letras mortas dos sãos.

Não se esgota
o chão da cidade
despe-se ao tempo
e asfalta de esgotos
as penas da cidade –
      penas de pombos? (gansos não há)
         de homens em cárcere?
      penas sem dó?
Fileiras de penas ao chão
negras ou claras
órfãs
ou ocasionalmente solidárias
já não cobrem corpos de pombos
ou de gansos que não há
nem de homens ou ratos.
Restam
(penúrias, apenas)
penas
na quentura do chão.

III.

Chão é rua:
inunda, alimenta
      besouros
      batráquios
      anófeles
      cigarras
latrinas
      betumes e suas latitudes perdidas
      prostitutas
      bestas e beatas
      e os tolos pudicos.
Chão nutriente
de roedores
(e suas caudas crescentes)
e de crianças
que se colam em colas
no chão da cidade.
Alimento ou estrume
pouco importa
a matéria do chão.

Tudo a boca aspira
e devolve
(ao chão e seus múltiplos
outros corpos minúsculos)
produtos carbúnculos
de diversas idades –
juram fervuras
à cidade e ao chão.

No ciclo de corpos
sangue é vegetal
animal líquido
por onde gravitam
no volátil minério do chão
a cidade réptil
e seus rústicos vãos.

IV.

O chão recomposto
é antes um quando
que destrói o tato
e verte lodo ácido
sobre o óleo em espasmo.
Sufoca bueiros
com engasgos plásticos;
plástica assim é a sina
dos pulmões pisados
de grilos que não os têm
dos gritos que os quiseram ter
para respirar
salvas de rícino:
"E assim
do chão
brota uma cidade.
O chão, seu forno
e a cidade, fermento:
cresce
sob quentura
o pão.
O fermento
      estufa
           explode
no derrame do chão".

VESTÍGIOS

GRAVITA

NO VENTRE

O TEMPO

SEM VÉRTEBRA

NO CIMENTO ESCUTO
ESCONSO SILÊNCIO

NA CELA DO OLHAR, TRÉGUA

DOR DE AÇO
EM IMÓVEL SEGREDO

CAL
CÁRCERE
E SÍLABAS
PARTIDAS

CLARISCURO
É SEMPRE
A MESMA LUA

BELAS
VELAS
TÊ-LAS
ROSAS, ENTES TRISTES
VERSO EM UNIVERSO
POEMA LIBERTO

"O tempo de dize[r]
não chegou à mim,
tempo de agradece[r]
por eu existir, e u[?]
todos os dias"
Autor: Barney Da[y]
Luis Vasquez [...]

ANCIÃS, CONTARAM-LHES:
SOIS IRMÃS.
NÃO CRERAM,
POIS JUNTAS
CRESCERAM SÓS.

O REMANSO DO SILÊNCIO
É MINHA CHUVA

AMA-SE TANTO

SOB O SOL

E A SEDE AINDA SOBRA

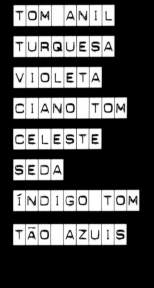

À MARGEM,
QUASE NESGA,
NAVEGA
O AMARELO

VAZIO DE AMIGO,
MAR SEM IRMÃO

LACERAM

O METAL ARENOSO

AS CORES DE ABRIL

Os poemas e as imagens reunidos nesta obra resultam das oficinas de escrita e de fotografia do Museu Lasar Segall.

AGRADECIMENTOS

R. F. Franco agradece a:

António Lobo Antunes
Grupo Tertúlia
Inês Monguilhott
Ivan Bonatelli
Samir Mesquita

Maycon Lima agradece a:

Vera Albuquerque

Presidente da República:
Luiz Inácio Lula da Silva

Ministro da Cultura:
João Luiz Silva Ferreira

Presidente do IBRAM:
José do Nascimento Júnior

Diretoria do Museu Lasar Segall:
Jorge Schwartz
Marcelo Monzani

Museu Lasar Segall
Rua Berta, 111
CEP 04120-040 – São Paulo - SP
Tel.: (11)5574-7322 / Fax: (11)5572-3586
www.museusegall.org.br

Copyright © R. F. Franco, 2010
Copyright © Maycon Lima, 2010
Copyright © Museu Lasar Segall, 2010
Copyright © Iluminuras, 2010

Capa e Projeto Gráfico:
Samir Mesquita

Arte-Final:
Fabio Graupen

Revisão:
Marta Escaleira

Nesta edição, respeitou-se o novo
Acordo Ortográfico da Língua Portuguesa

ISBN: 978-85-62930-01-0 (Museu Lasar Segall)
ISBN: 978-85-7321-316-4 (Iluminuras)

Editora Iluminuras - LTDA
Rua Inácio Pereira da Rocha, 389
CEP 05432-011 – São Paulo - SP
Tel./Fax: (11) 3031-6161
www.iluminuras.com.br

Este livro foi composto com as fontes Baskerville e Dynamoe e impresso em papel couché 115 g/m² pela Imprensa Oficial, em março de 2010.